kool - škola	2
reisimine - cesta	5
transport - doprava	8
linn - mesto	10
maastik - terén	14
restoran - reštaurácia	17
supermarket - supermarket	20
joogid - nápoje	22
toit - jedlo	23
talu - farma	27
maja - dom	31
elutuba - obývačka	33
köök - kuchyňa	35
vannituba - kúpeľňa	38
lastetuba - detská izba	42
riietus - šatstvo	44
kontor - kancelária	49
majandus - hospodárstvo	51
ametid - povolania	53
tööriistad - náradie	56
pillid - hudobné nástroje	57
loomaaed - ZOO	59
sport - šport	62
tegevused - aktivity	63
perekond - rodina	67
keha - telo	68
haigla - nemocnica	72
hädaolukord - urgentný prípad	76
Maa - Zem	77
kell - hodiny	79
nädal - týždeň	80
aasta - rok	81
kujundid - tvary	83
värvid - farby	84
vastandid - protiklady	85
numbrid - čísla	88
keeled - jazyky	90
kes / mis / kuidas - kto/čo/ako	91
kus - kde	92

Impressum
Verlag: BABADADA GmbH, Nedderfeld 112 , 22529 Hamburg
Geschäftsführer / Verlagsleitung: Harald Hof
Druck: Books on Demand GmbH, In de Tarpen 42, 22848 Norderstedt

Imprint
Publisher: BABADADA GmbH, Nedderfeld 112 , 22529 Hamburg, Germany
Managing Director / Publishing direction: Harald Hof
Print: Books on Demand GmbH, In de Tarpen 42, 22848 Norderstedt, Germany

kool

škola

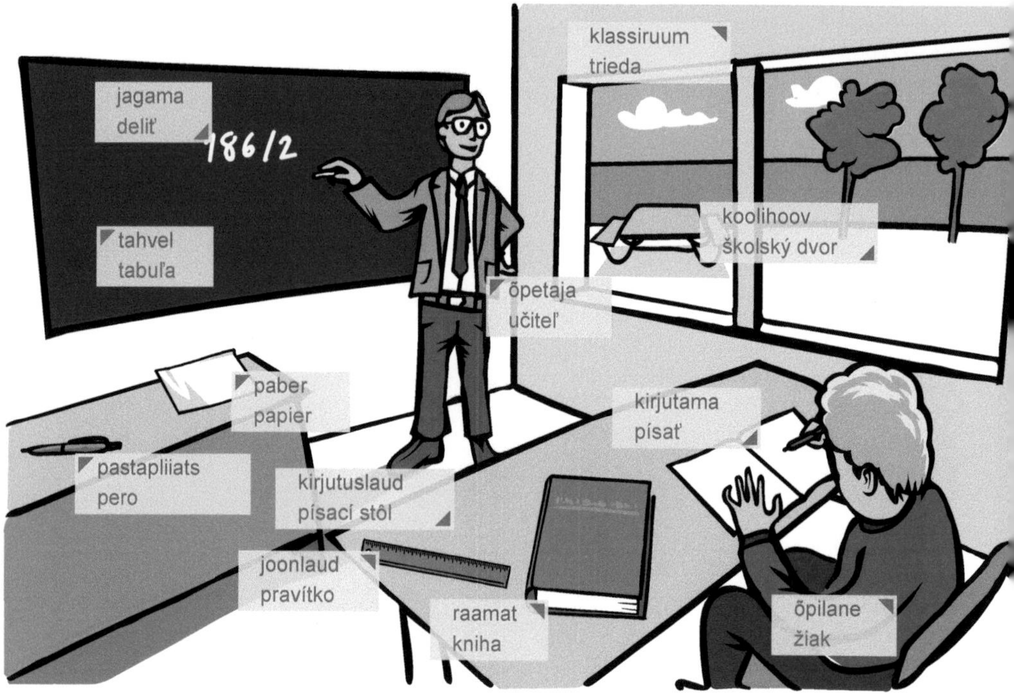
klassiruum
trieda
jagama
deliť
186/2
tahvel
tabuľa
koolihoov
školský dvor
õpetaja
učiteľ
paber
papier
kirjutama
písať
pastapliiats
pero
kirjutuslaud
písací stôl
joonlaud
pravítko
raamat
kniha
õpilane
žiak

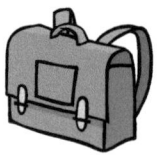

koolikott

školská taška

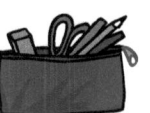

pinal

peračník

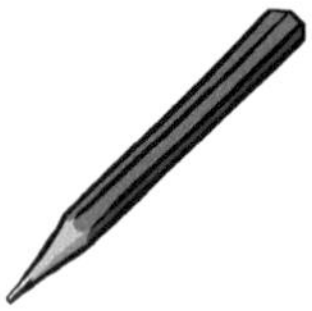

harilik pliiats

ceruza

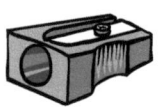

pliiatsiteritaja

strúhadlo na ceruzky

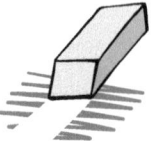

kustukumm

guma

joonistusplokk

skicár

joonistus

kresba

pintsel

štetec

värvikarp

vodové farby

käärid

nožnice

liim

lepidlo

töövihik

cvičný zošit

kodutöö

domáca úloha

12

number

číslo

2+2

liitma

sčítať

5-2

lahutama

odčítať

2×2

korrutama

násobiť

arvutama

počítať

A

täht

písmeno

ABCDEFG
HIJKLMN
OPQRSTU
VWXYZ

tähestik

abeceda

hello

sõna

slovo

tekst

text

lugema

čítať

kriit

krieda

koolitund

hodina

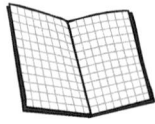

klassipäevik

triedna kniha

eksam

skúška

tunnistus

certifikát

koolivorm

školská uniforma

haridus

vzdelanie

entsüklopeedia

encyklopédia

ülikool

univerzita

mikroskoop

mikroskop

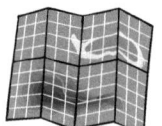

kaart

mapa

paberikorv

kôš na papier

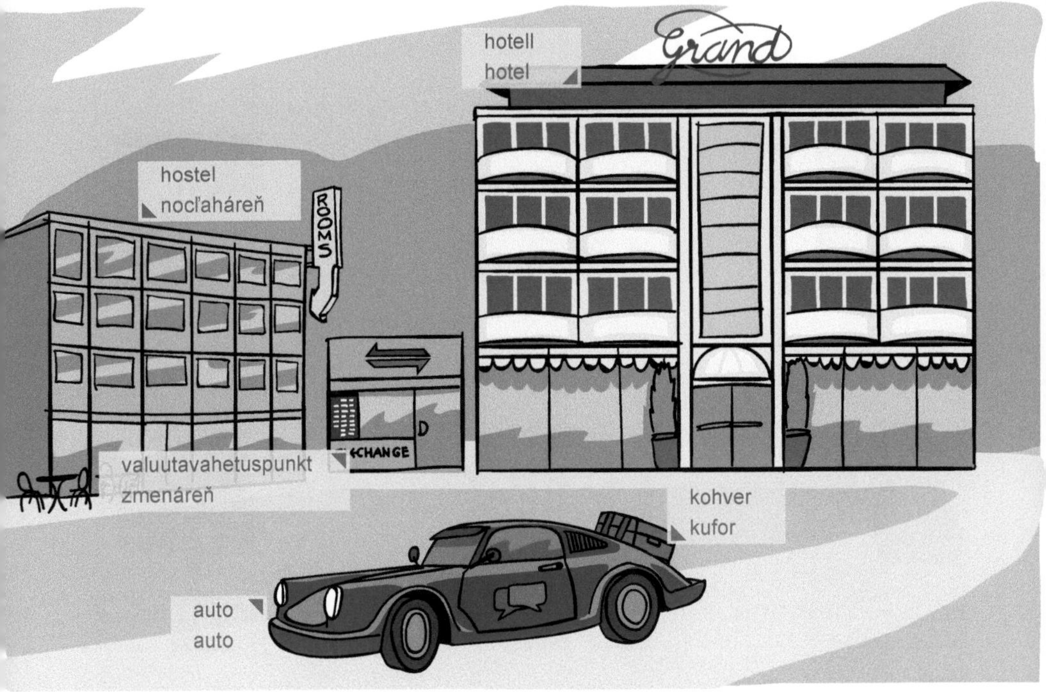

hotell
hotel
Grand
hostel
nocľaháreň
ROOMS
valuutavahetuspunkt
zmenáreň
EXCHANGE
kohver
kufor
auto
auto

keel

jazyk

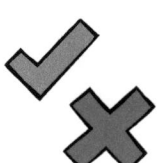

jah / ei

áno/nie

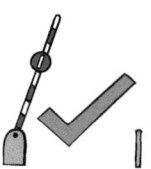

okei

v poriadku

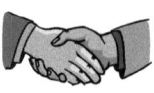

Tere!

ahoj

tõlk

prekladateľ

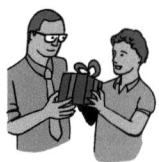

Aitäh!

ďakujem

Kui palju maksab …?

Koľko stojí … ?

Ma ei saa aru

Nerozumiem

probleem

problém

Tere õhtust!

Dobrý večer!

Tere hommikust!

Dobré ráno!

Head ööd!

Dobrú noc!

Head aega!

Dovidenia

suund

smer

pagas

batožina

kott

taška

seljakott

batoh

külaline

hosť

tuba

izba

magamiskott

spacák

telk

stan

turismiinfo

informácie pre turistov

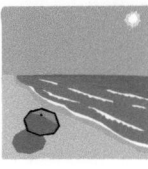

rand

pláž

krediitkaart

kreditná karta

hommikusöök

raňajky

lõunasöök

obed

õhtusöök

večera

pilet

cestovný lístok

lift

výťah

postmark

poštová známka

riigipiir

hranica

toll

clo

saatkond

veľvyslanectvo

viisa

vízum

pass

cestovný pas

transport
doprava

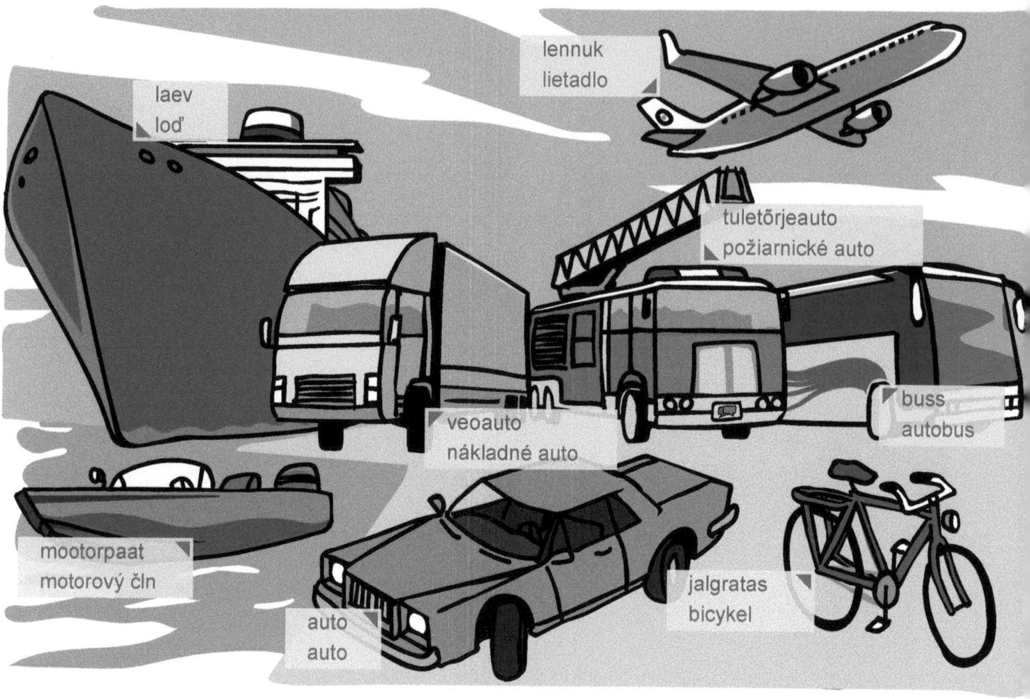

lennuk
lietadlo
laev
loď
tuletõrjeauto
požiarnické auto
buss
autobus
veoauto
nákladné auto
mootorpaat
motorový čln
jalgratas
bicykel
auto
auto

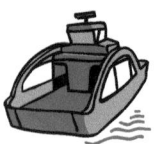

praam
trajekt

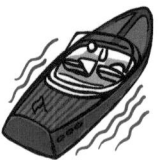

paat
loď

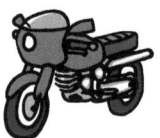

mootorratas
motorka

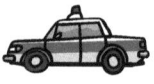

politseiauto
policajné auto

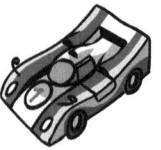

võidusõiduauto
pretekárske auto

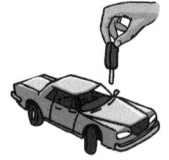

rendiauto
vozidlo z požičovne

ühisauto

carsharing

puksiirauto

odťahové auto

prügiauto

smetiarske auto

mootor

motor

kütus

benzín

tankla

čerpacia stanica

liiklusmärk

dopravná značka

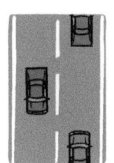

liiklus

premávka

liiklusummik

zápcha

parkla

parkovisko

raudteejaam

vlaková stanica

rööpad

trate

rong

vlak

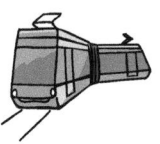

tramm

električka

vagun

vagón

transport - doprava

helikopter

helikoptéra

lennujaam

letisko

torn

veža

reisija

pasažier

konteiner

kontajner

pappkast

kartón

käru

vozík

korv

kôš

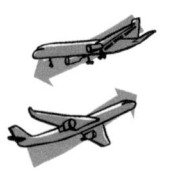

õhku tõusma / maanduma

štartovať / pristáť

linn

mesto

küla

dedina

kesklinn

centrum mesta

maja

dom

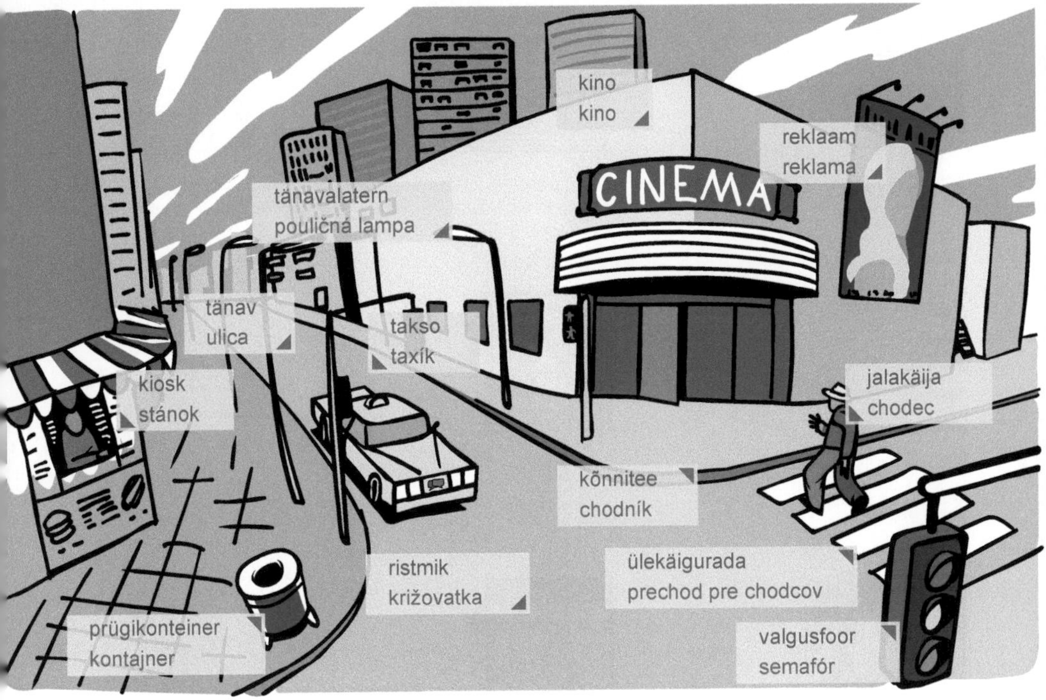

kino
kino

reklaam
reklama

tänavalatern
pouličná lampa

CINEMA

tänav
ulica

takso
taxík

jalakäija
chodec

kiosk
stánok

kõnnitee
chodník

ristmik
križovatka

ülekäigurada
prechod pre chodcov

prügikonteiner
kontajner

valgusfoor
semafór

osmik

chata

kortermaja

byt

raudteejaam

vlaková stanica

raekoda

radnica

muuseum

múzeum

kool

škola

ülikool

univerzita

pank

banka

haigla

nemocnica

hotell

hotel

apteek

lekáreň

kontor

kancelária

raamatupood

kníhkupectvo

kauplus

obchod

lillepood

kvetinárstvo

supermarket

supermarket

turg

trh

kaubamaja

obchodný dom

kalapood

obchodník s rybami

kaubanduskeskus

nákupné stredisko

sadam

prístav

park

park

pink

lavička

sild

most

trepp

schody

metroo

metro

tunnel

tunel

bussipeatus

autobusová zastávka

baar

bar

restoran

reštaurácia

postkast

poštová schránka

tänavasilt

tabuľa s názvom ulice

parkimisautomaat

parkovacie hodiny

loomaaed

ZOO

ujula

plaváreň

mošee

mešita

talu

farma

reostus

znečisťovanie životného prostredia

surnuaed

cintorín

kirik

kostol

mänguväljak

ihrisko

tempel

chrám

maastik
terén

leht
list

teeviit
smerová tabuľa

tee
cesta

aas
lúka

kivi
kameň

puu
strom

matkaja
turista

jõgi
rieka

rohi
tráva

lill
kvet

org
dolina

mägi
kopec

järv
jazero

mets
les

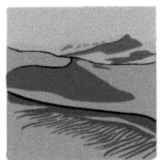

kõrb
púšť

vulkaan
vulkán

linnus
zámok

vikerkaar
dúha

seen
hríb

palm
palma

sääsk
komár

kärbes
mucha

sipelgas
mravec

mesilane
včela

ämblik
pavúk

mardikas

chrobák

konn

žaba

orav

veverička

siil

jež

jänes

zajac

öökull

sova

lind

vták

luik

labuť

metssiga

diviak

hirv

jeleň

põder

los

pais

hrádza

tuuleturbiin

veterná turbína

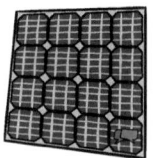

päikesepaneel

solárny panel

kliima

podnebie

restoran
reštaurácia

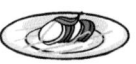

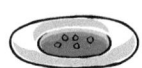

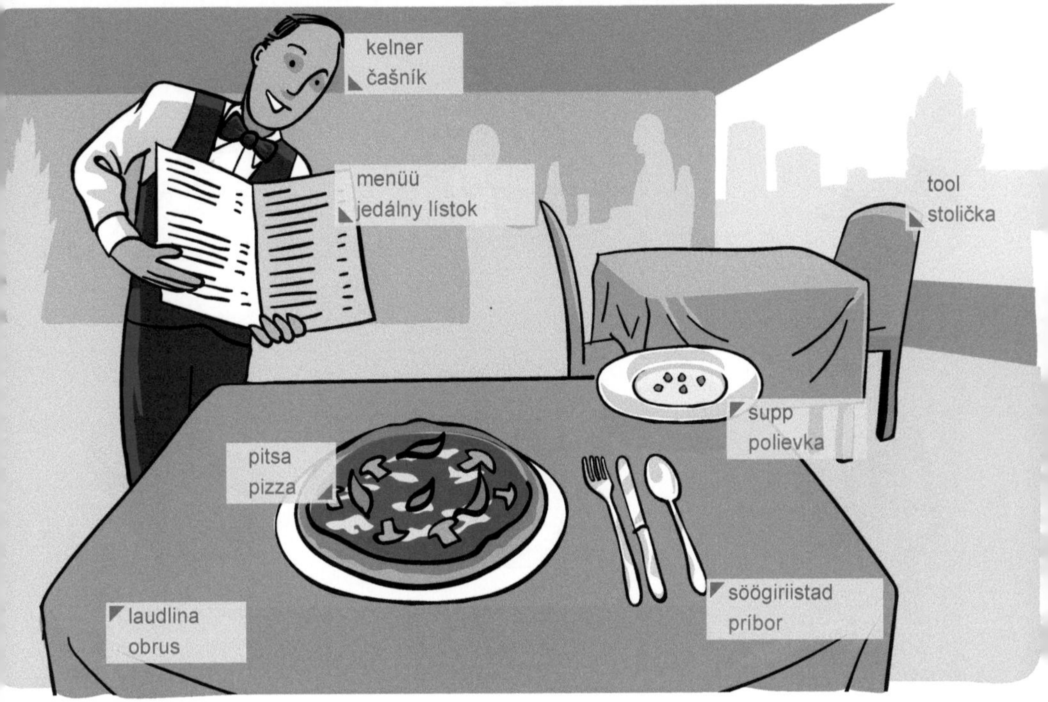
kelner
čašník
menüü
jedálny lístok
tool
stolička
supp
polievka
pitsa
pizza
söögiriistad
príbor
laudlina
obrus

eelroog

predjedlo

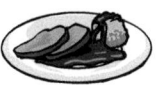

pearoog

hlavné jedlo

magustoit

zákusok

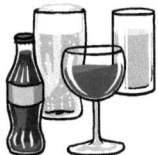

joogid

nápoje

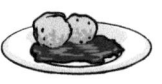

toit

jedlo

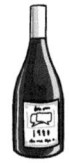

pudel

fľaša

kiirtoit

fast-food

tänavatoit

street food

teekann

kanvica na čaj

suhkrutoos

cukornička

portsjon

porcia

espressomasin

stroj na espresso

lastetool

detská stolička

arve

účet

kandik

podnos

nuga

nôž

kahvel

vidlička

lusikas

lyžica

teelusikas

čajová lyžička

salvrätik

obrúsok

klaas

pohár

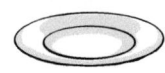

taldrik
tanier

supitaldrik
hlboký tanier

alustass
podšálka

kaste
omáčka

soolatoos
soľnička

pipraveski
mlynček na korenie

äädikas
ocot

õli
olej

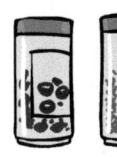

vürtsid
korenie

ketšup
kečup

sinep
horčica

majonees
majonéza

supermarket
supermarket

eripakkumine
špeciálna ponuka
FOR
klient
klient
piimatooted
mliečne výrobky
puuviljad
ovocie
ostukäru
nákupný vozík

BUTCHERS

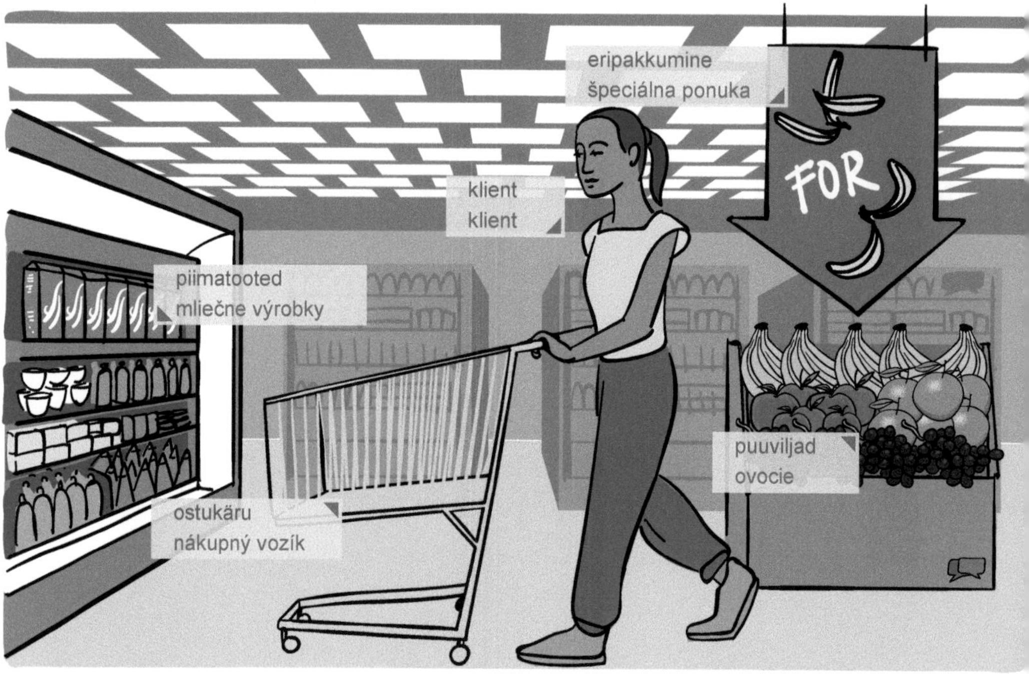

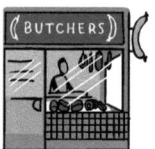

lihapood
mäsiarstvo

BAKERY

pagariäri
pekáreň

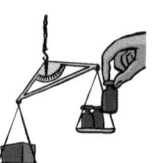

kaaluma
vážiť

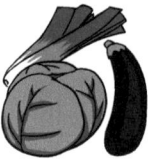

köögiviljad
zelenina

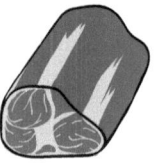

liha
mäso

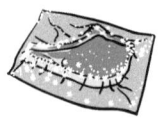

külmutatud toit
mrazené potraviny

lihalõigud

nárez

konservid

konzervy

pesupulber

prací prostriedok

maiustused

sladkosti

majatarbed

domáce potreby

puhastustooted

čistiace prostriedky

müüja

predavačka

kassaaparaat

pokladňa

kassapidaja

pokladník

ostunimekiri

nákupný zoznam

lahtiolekuajad

otváracie hodiny

rahakott

peňaženka

krediitkaart

kreditná karta

kott

taška

kilekott

plastové vrecko

joogid
nápoje

vesi
voda

mahl
džús

piim
mlieko

koola
kola

vein
víno

õlu
pivo

alkohol
alkohol

kakao
kakao

tee
čaj

kohv
káva

espresso
espresso

cappuccino
kapučíno

banaan

banán

õun

jablko

apelsin

pomaranč

arbuus

melón

sidrun

citrón

porgand

mrkva

küüslauk

cesnak

bambus

bambus

sibul

cibuľa

seen

hríb

pähklid

orechy

nuudlid

rezance

spagetid

špagety

riis

ryža

salat

šalát

friikartulid

hranolky

praekartulid

pečené zemiaky

pitsa

pizza

hamburger

hamburger

võileib

obložený chlebík

šnitsel

rezeň

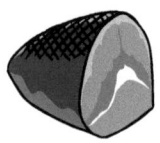

sink

šunka

salaami

saláma

vorst

klobása

kana

kurča

praeliha

pečené mäso

kala

ryba

kaerahelbed

ovsené vločky

müsli

müsli

maisihelbed

kukuričné lupienky

jahu

múka

sarvesai

croissant

kukkel

pečivo

leib

chlieb

röstsai

hrianka

küpsised

sušienky

või

maslo

kohupiim

tvaroh

kook

koláč

muna

vajce

praemuna

volské oko

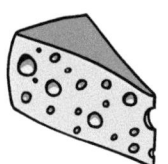

juust

syr

jäätis

zmrzlina

suhkur

cukor

mesi

med

moos

lekvár

pähklivõie

nugátová nátierka

karri

karí korenie

talu
farma

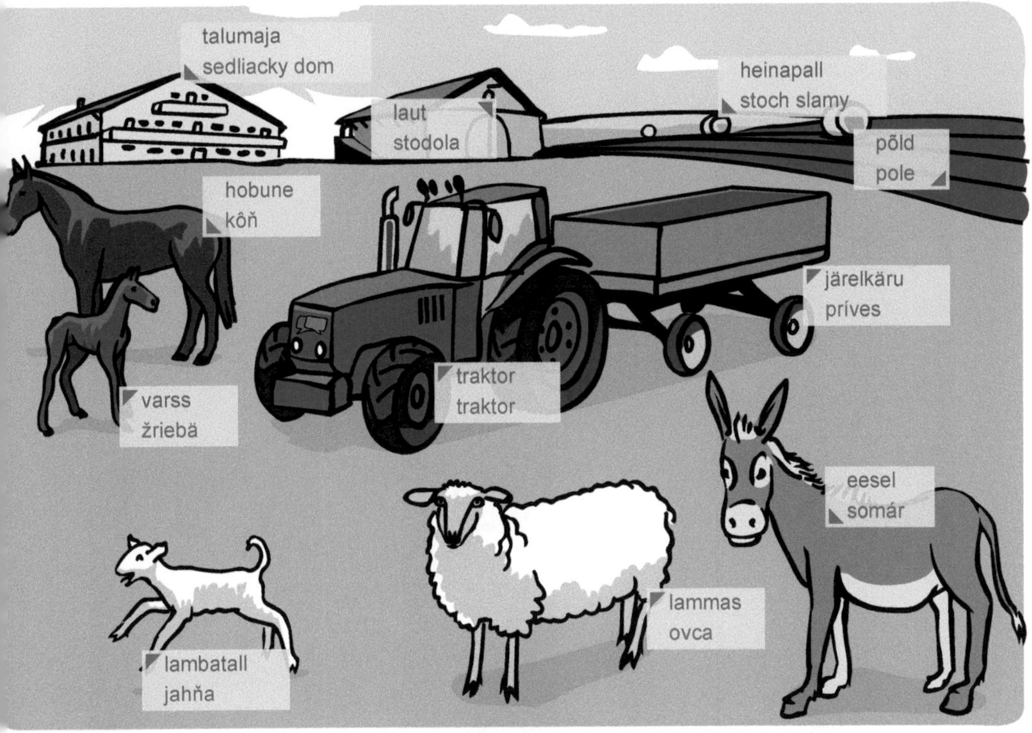
talumaja
sedliacky dom
laut
stodola
heinapall
stoch slamy
põld
pole
hobune
kôň
järelkäru
príves
traktor
traktor
varss
žriebä
eesel
somár
lammas
ovca
lambatall
jahňa

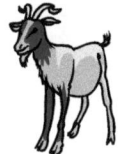

kits
koza

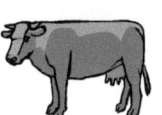

lehm
krava

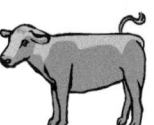

vasikas
teľa

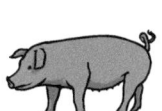

siga
prasa

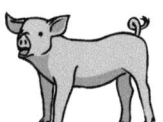

põrsas
prasiatko

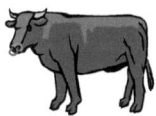

pull
býk

hani

hus

part

kačica

tibu

kuriatko

kana

sliepka

kukk

kohút

rott

potkan

kass

mačka

hiir

myš

härg

vôl

koer

pes

koerakuut

psia búda

aiavoolik

záhradná hadica

kastekann

krhla

vikat

kosa

ader

pluh

sirp

kosák

kõblas

motyka

hang

vidly na hnoj

kirves

sekera

käru

fúrik

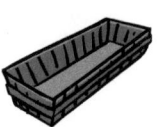

küna

koryto

piimanõu

kanva na mlieko

kott

vrece

tara

plot

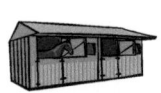

tall

maštaľ

kasvuhoone

skleník

muld

pôda

seeme

osivo

väetis

hnojivo

kombain

kombajn

talu - farma

saaki koristama

žať

saagikoristus

žatva

jamss

batát

nisu

pšenica

soja

sója

kartul

zemiak

mais

kukurica

raps

repka

viljapuu

ovocný strom

maniokk

maniok

teravili

obilie

maja
dom

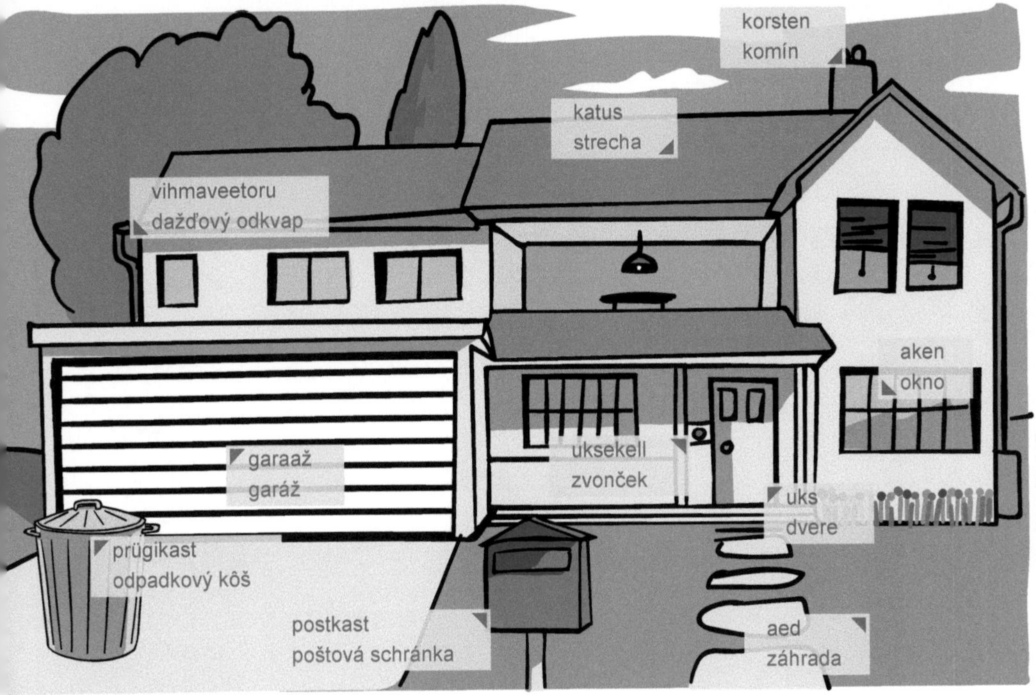
korsten
komín
katus
strecha
vihmaveetoru
dažďový odkvap
aken
okno
garaaž
garáž
uksekell
zvonček
uks
dvere
prügikast
odpadkový kôš
postkast
poštová schránka
aed
záhrada

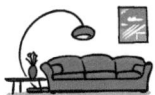

elutuba
obývačka

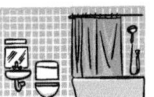

vannituba
kúpeľňa

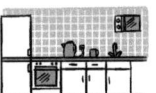

köök
kuchyňa

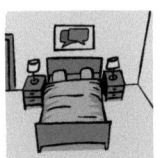

magamistuba
spálňa

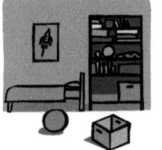

lastetuba
detská izba

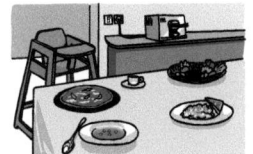

söögituba
jedáleň

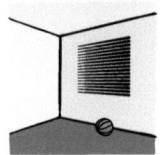

põrand
podlaha

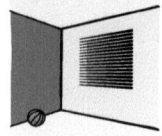

sein
stena

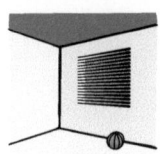

lagi
strop

kelder
pivnica

saun
sauna

rõdu
balkón

terrass
terasa

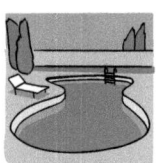

bassein
bazén

muruniiduk
kosačka

voodilina
obliečka

päevatekk
posteľná prikrývka

voodi
posteľ

luud
metla

ämber
vedro

lüliti
vypínač

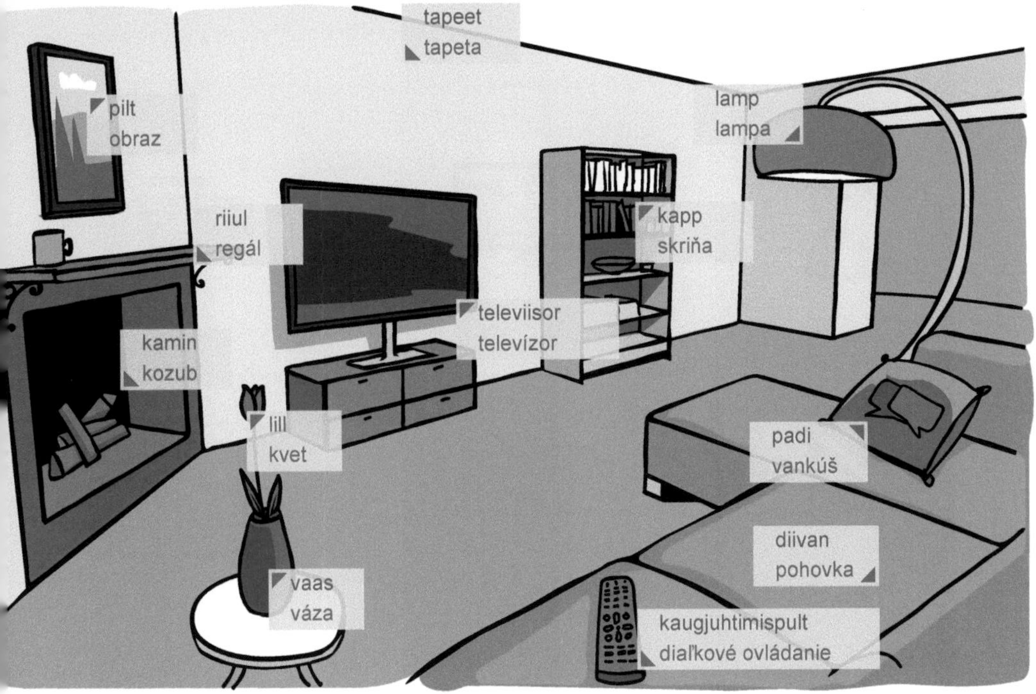

tapeet
tapeta

pilt
obraz

lamp
lampa

riiul
regál

kapp
skriňa

televiisor
televízor

kamin
kozub

lill
kvet

padi
vankúš

diivan
pohovka

vaas
váza

kaugjuhtimispult
diaľkové ovládanie

vaip
koberec

kardin
záclona

laud
stôl

tool
stolička

kiiktool
hojdacie kreslo

tugitool
kreslo

raamat

kniha

tekk

prikrývka

kaunistus

dekorácia

küttepuud

drevo na kúrenie

film

film

helisüsteem

hi-fi veža

võti

kľúč

ajaleht

noviny

maal

maľba

plakat

plagát

raadio

rádio

märkmik

zápisník

tolmuimeja

vysávač

kaktus

kaktus

küünal

sviečka

köök
kuchyňa

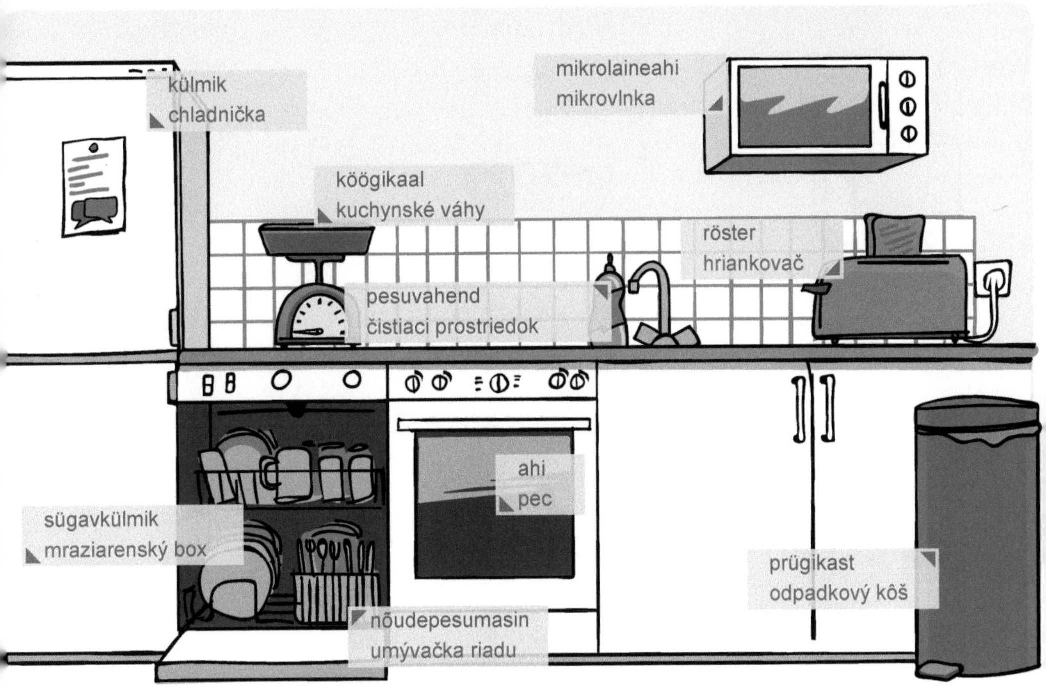

külmik
chladnička
mikrolaineahi
mikrovlnka
köögikaal
kuchynské váhy
röster
hriankovač
pesuvahend
čistiaci prostriedok
ahi
pec
sügavkülmik
mraziarenský box
prügikast
odpadkový kôš
nõudepesumasin
umývačka riadu

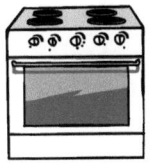

pliit

sporák

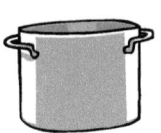

pott

hrniec

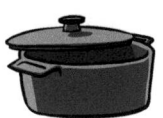

malmpott

železný hrniec

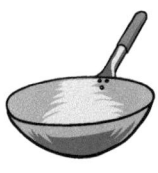

vokkpann

wok / kadai

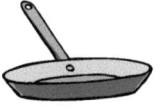

pann

panvica

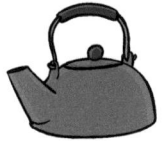

veekeetja

rýchlovarná kanvica

aurutaja

parný hrniec

küpsetusplaat

plech na pečenie

lauanõud

riad

kruus

pohár

kauss

misa

söögipulgad

paličky

kulp

naberačka na polievku

pannilabidas

stierka

vispel

metlička

kurn

cedidlo

sõel

sitko

riiv

strúhadlo

uhmer

mažiar

grill

gril

lahtine tuli

ohnisko

lõikelaud

doska na krájanie

tainarull

valček na cesto

korgitser

vývrtka

konservipurk

konzerva

konserviavaja

otvárač na konzervy

pajakinnas

chňapka

kraanikauss

výlevka

hari

kefa

pesukäsn

hubka

kannmikser

mixér

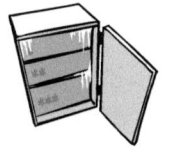

sügavkülmuti

mraznička

lutipudel

kojenecká fľaša

segisti

vodovodný kohútik

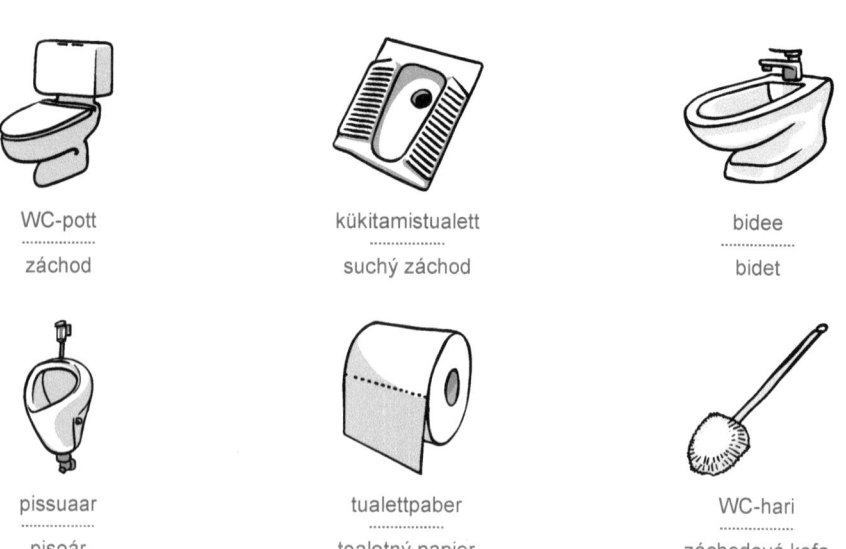

vannituba
kúpeľňa

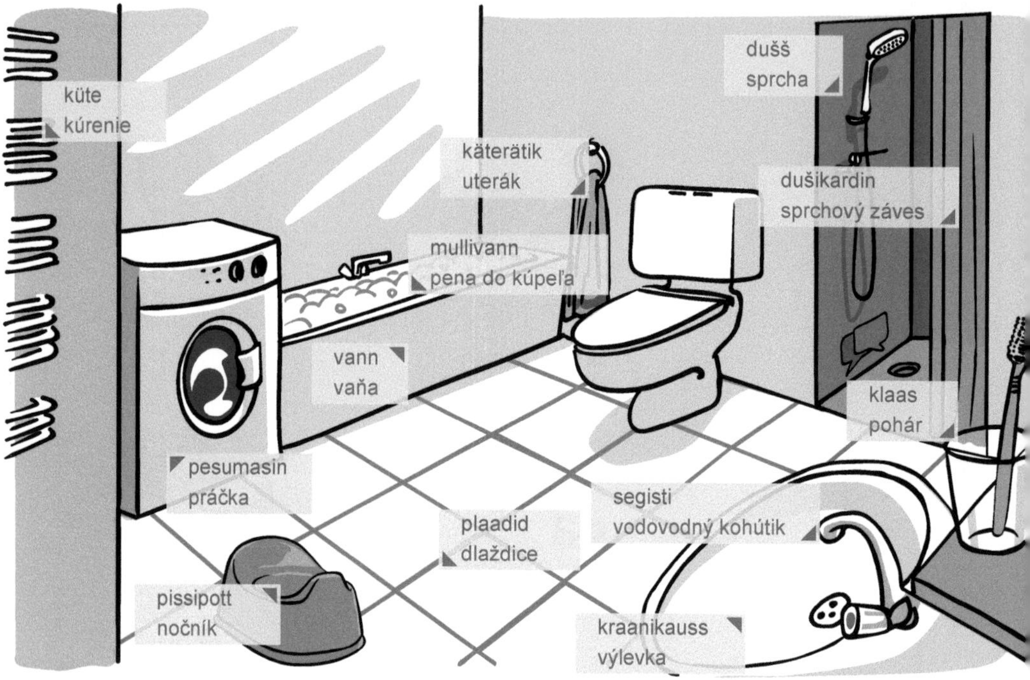

küte
kúrenie
käterätik
uterák
mullivann
pena do kúpeľa
vann
vaňa
pesumasin
práčka
pissipott
nočník
plaadid
dlaždice
segisti
vodovodný kohútik
kraanikauss
výlevka
dušš
sprcha
dušikardin
sprchový záves
klaas
pohár

WC-pott

záchod

kükitamistualett

suchý záchod

bidee

bidet

pissuaar

pisoár

tualettpaber

toaletný papier

WC-hari

záchodová kefa

hambahari

zubná kefka

hambapasta

zubná pasta

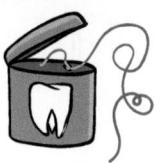

hambaniit

dentálna niť

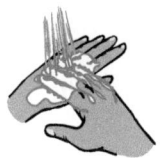

pesema

umývať

käsidušš

ručná sprcha

intiimdušš

sprcha pre intímnu hygienu

pesukauss

umývadlo

seljahari

kefa na chrbát

seep

mydlo

dušigeel

sprchový gél

šampoon

šampón

vamm

frotírová rukavica

äravool

odtok

kreem

krém

deodorant

dezodorant

peegel

zrkadlo

käsipeegel

kozmetické zrkadlo

habemenuga

žiletka

raseerimisvaht

pena na holenie

habemevesi

voda po holení

kamm

hrebeň

hari

kefa

föön

sušič vlasov

juukselakk

sprej na vlasy

meigikomplekt

make-up

huulepulk

rúž

küünelakk

lak na nechty

vatt

vata

küünekäärid

nožnice na nechty

parfüüm

parfum

tualett-tarvete kott

kozmetická taška

taburet

stolček

kaal

váha

hommikumantel

kúpací plášť

kummikindad

gumové rukavice

tampoon

tampón

hügieeniside

menštruačná vložka

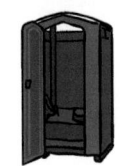

keemiline tualett

chemické WC

lastetuba
detská izba

äratuskell
budík
pehme mänguasi
plyšová hračka
mänguauto
hračkárske auto
kõristi
hrkálka
nukumaja
domček pre bábiky
kingitus
dar

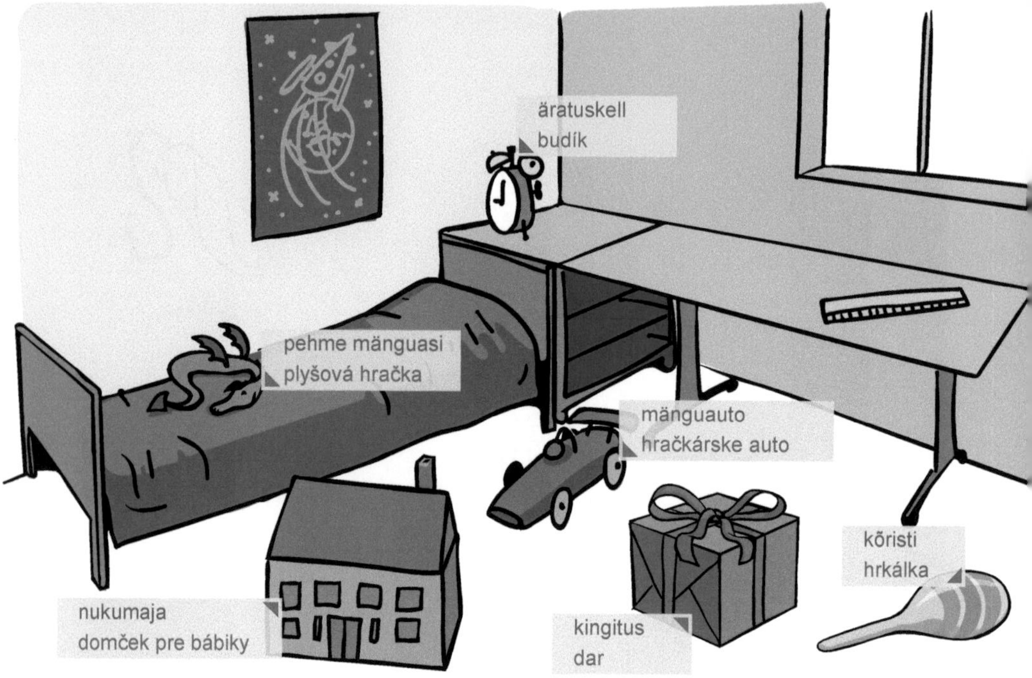

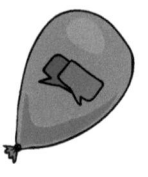

õhupall

balón

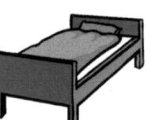

voodi

posteľ

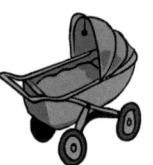

lapsevanker

detský kočík

kaardipakk

karty

pusle

puzzle

SUPER
MEGA

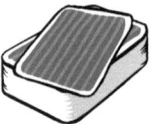

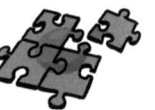

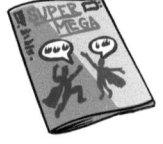

koomiks

komix

Lego klotsid

skladačka lego

klotsid

stavebnica

kujuke

akčná postavička

siputuspüksid

dupačky

lendav taldrik

lietajúci tanier

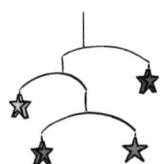

voodikarussell

závesné hračky

lauamäng

stolová hra

täringud

kocka

mudelrong

modelový vláčik

lutt

cumlík

pidu

párty

pildiraamat

obrázková kniha

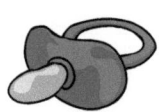

pall

lopta

nukk

bábika

mängima

hrať sa

liivakast

pieskovisko

kiik

hojdačka

mänguasjad

hračky

mängukonsool

hracia konzola

kolmerattaline jalgratas

trojkolka

mängukaru

medvedík

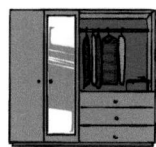

riidekapp

šatník

riietus

šatstvo

sokid

ponožky

sukad

pančuchy

sukkpüksid

pančuchové nohavičky

sall
šál

vihmavari
dáždnik

vöö
opasok

T-särk
tričko

saapad
čižmy

sussid
papuče

tossud
tenisky

sandaalid	jalatsid	kummikud
sandále	topánky	gumáky
aluspüksid	rinnahoidja	vest
spodky	podprsenka	tielko

bodi
body

püksid
nohavice

teksapüksid
džínsy

seelik
sukňa

pluus
blúzka

särk
košeľa

sviiter
pulóver

dressipluus
sveter

bleiser
blejzer

jakk
bunda

mantel
kabát

vihmamantel
pršiplášť

kostüüm
kostým

kleit
šaty

pulmakleit
svadobné šaty

ülikond
oblek

öösärk
nočná košeľa

pidžaama
pyžamo

sari
sari

pearätt
šatka na hlavu

turban
turban

burka
burka

kaftan
kaftan

abayah
abaja

ujumistrikoo
dvojdielne plavky

ujumispüksid
plavky

lühikesed püksid
šortky

dressid
tepláková súprava

põll
zástera

kindad
rukavice

nööp

gombík

prillid

okuliare

käevõru

náramok

kaelakee

retiazka

sõrmus

prsteň

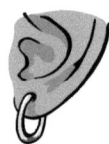

kõrvarõngas

náušnica

nokamüts

čiapka

riidepuu

vešiak

kaabu

klobúk

lips

kravata

tõmblukk

zips

kiiver

prilba

traksid

traky

koolivorm

školská uniforma

vormirõivad

uniforma

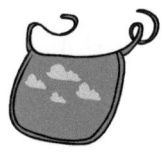

pudipõll

podbradník

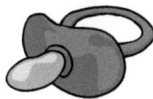

lutt

cumlík

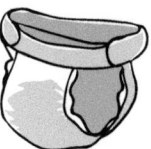

mähe

plienka

kontor
kancelária

server
server
arhiivikapp
skriňa na spisy
printer
tlačiareň
paber
papier
monitor
monitor
kirjutuslaud
písací stôl
hiir
myš
kaust
zakladač
klaviatuur
klávesnica
paberikorv
kôš na papier
arvuti
počítač
tool
stolička

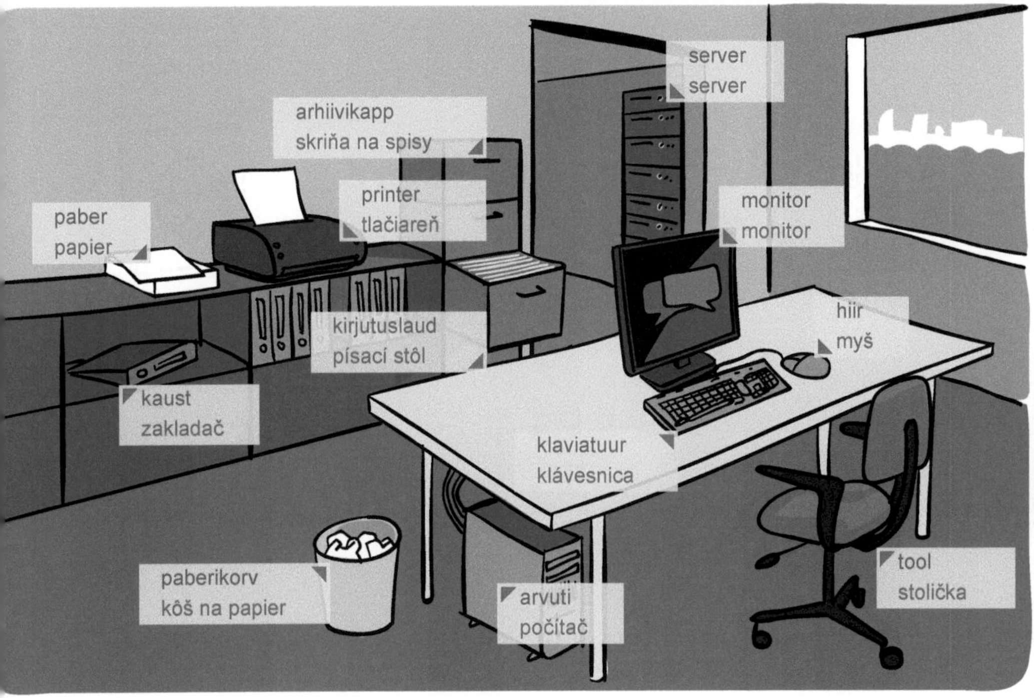

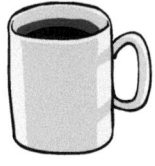

kohvikruus

hrnček na kávu

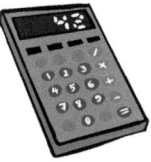

kalkulaator

kalkulačka

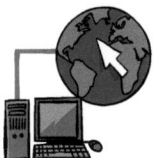

internet

internet

sülearvuti

laptop

kiri

list

sõnum

správa

mobiiltelefon

mobil

võrk

sieť

koopiamasin

kopírka

tarkvara

softvér

telefon

telefón

pistikupesa

elektrická zásuvka

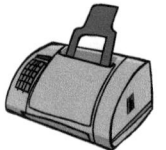

faksimasin

fax

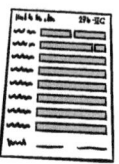

vorm

formulár

dokument

doklad

ostma

kúpiť

maksma

platiť

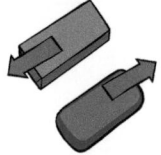

vahetama

obchodovať

raha

peniaze

dollar

dolár

euro

euro

jeen

jen

rubla

rubeľ

Šveitsi frank

švajčiarsky frank

renminbi jüaan

čínsky jüan

ruupia

rupia

sularahaautomaat

bankomat

valuutavahetuspunkt

zmenáreň

kuld

zlato

hõbe

striebro

nafta

ropa

energia

energia

hind

cena

leping

zmluva

maks

daň

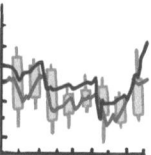

aktsia

akcia

töötama

pracovať

töötaja

zamestnanec

tööandja

zamestnávateľ

tehas

továreň

kauplus

obchod

ametid
povolania

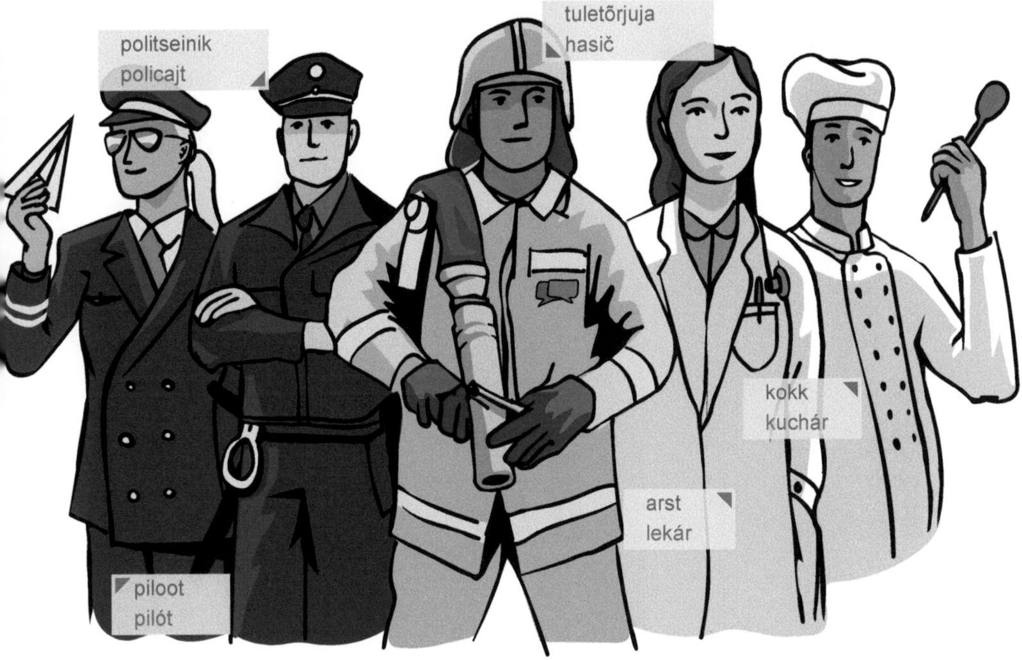

politseinik
policajt
tuletõrjuja
hasič
kokk
kuchár
arst
lekár
piloot
pilót

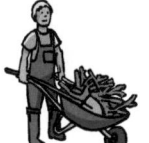

aednik
záhradník

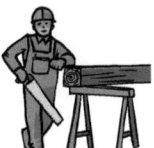

puusepp
stolár

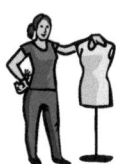

õmbleja
krajčírka

kohtunik
sudca

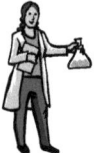

keemik
chemik

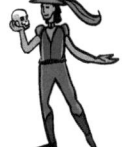

näitleja
herec

bussijuht

vodič autobusu

taksojuht

taxikár

kalamees

rybár

koristaja

upratovačka

katusepaigaldaja

pokrývač

kelner

čašník

jahimees

poľovník

maaler

maliar

pagar

pekár

elektrik

elektrikár

ehitaja

stavebný robotník

insener

inžinier

lihunik

mäsiar

torumees

klampiar

postiljon

poštár

sõdur

vojak

arhitekt

architekt

kassapidaja

pokladník

lillemüüja

kvetinár

juuksur

kaderník

piletikontrolör

sprievodca

mehaanik

mechanik

kapten

kapitán

hambaarst

zubár

teadlane

vedec

rabi

rabín

imaam

imám

munk

mních

preester

farár

tööriistad
náradie

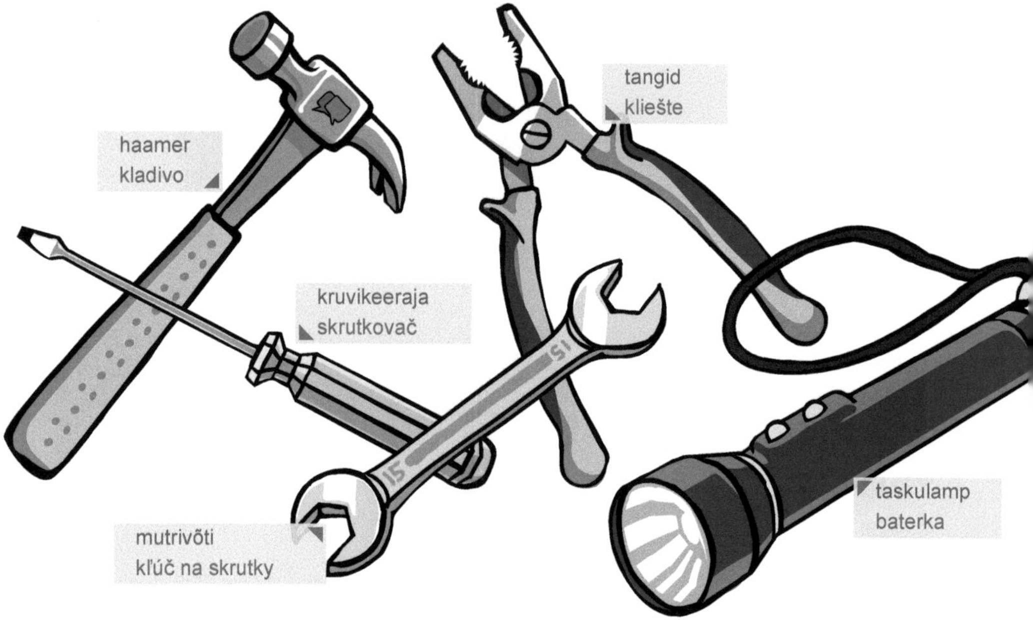
tangid
kliešte
haamer
kladivo
kruvikeeraja
skrutkovač
taskulamp
baterka
mutrivõti
kľúč na skrutky

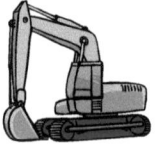

ekskavaator

bager

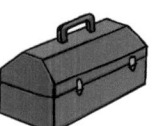

tööriistakast

súprava náradia

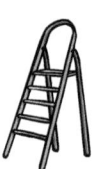

redel

rebrík

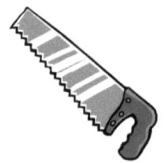

saag

pílka

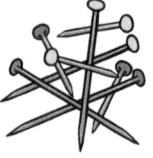

naelad

klince

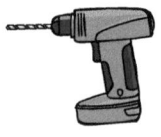

trell

vrták

parandama

opraviť

labidas

lopata

Põrgusse!

Do čerta!

kühvel

lopatka na smeti

värvipott

nádoba s farbou

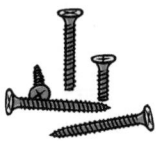

kruvid

skrutky

pillid
hudobné nástroje

trummikomplekt
bicie

kõlar
reproduktor

kitarr
gitara

kontrabass
kontrabas

trompet
trúbka

klaver

klavír

viiul

husle

bass

basa

timpan

tympany

trummid

bubon

süntesaator

klávesnica

saksofon

saxofón

flööt

flauta

mikrofon

mikrofón

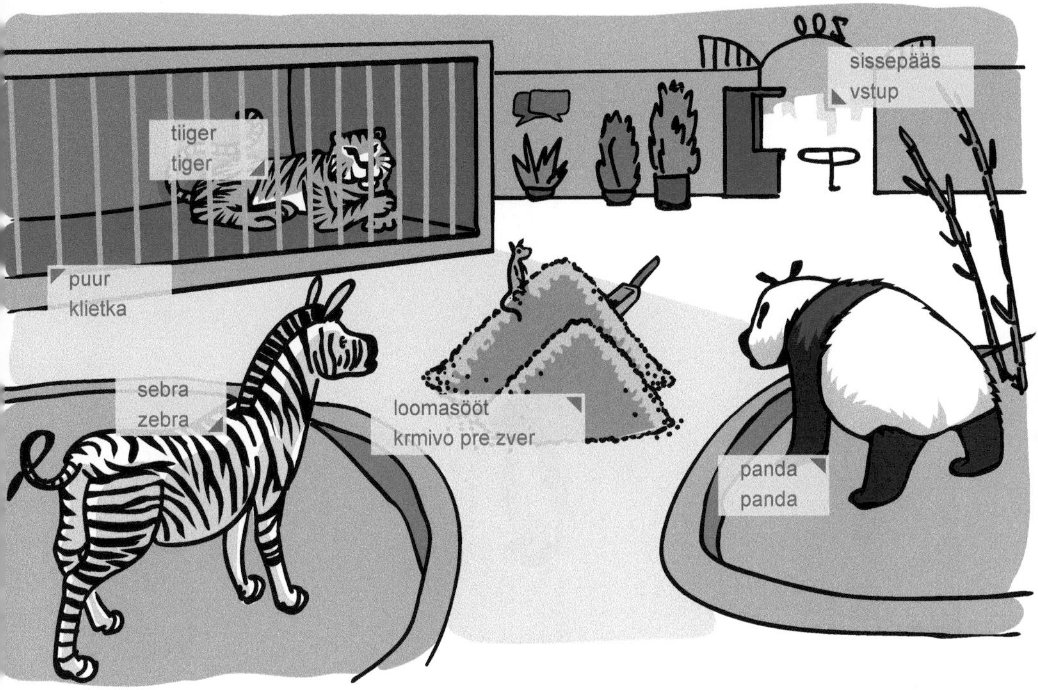

tiiger
tiger

sissepääs
vstup

puur
klietka

sebra
zebra

loomasööt
krmivo pre zver

panda
panda

loomad
zvieratá

elevant
slon

känguru
klokan

ninasarvik
nosorožec

gorilla
gorila

karu
medveď

kaamel

ťava

jaanalind

pštros

lõvi

lev

ahv

opica

flamingo

plameniak

papagoi

papagáj

jääkaru

ľadový medveď

pingviin

tučniak

hai

žralok

paabulind

páv

madu

had

krokodill

krokodíl

loomaaiatalitaja

ošetrovateľ v ZOO

hüljes

tuleň

jaaguar

jaguár

poni

poník

leopard

leopard

jõehobu

hroch

kaelkirjak

žirafa

kotkas

orol

metssiga

diviak

kala

ryba

kilpkonn

korytnačka

morsk

mrož

rebane

líška

gasell

gazela

Ameerika jalgpall
americký futbal

jalgrattasõit
cyklistika

tennis
tenis

korvpall
basketbal

ujumine
plávanie

poksimine
box

jäähoki
hokej

jalgpall
futbal

sulgpall
bedminton

kergejõustik
ľahká atletika

käsipall
hádzaná

suusatamine
lyžovanie

polo
pólo

tegevused
aktivity

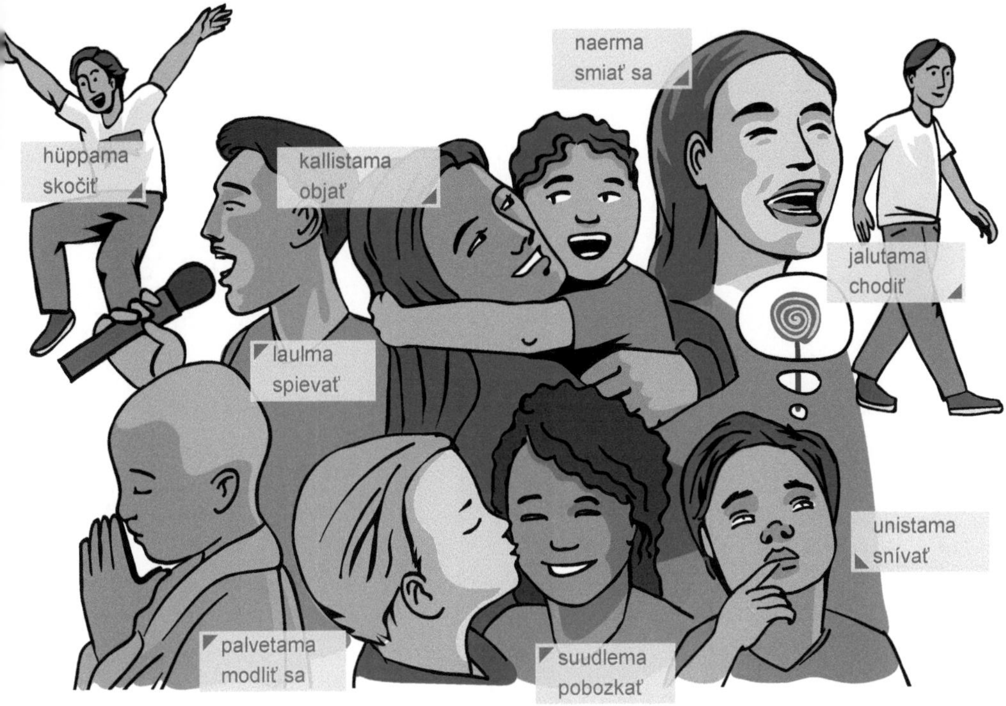
hüppama
skočiť
kallistama
objať
naerma
smiať sa
jalutama
chodiť
laulma
spievať
unistama
snívať
palvetama
modliť sa
suudlema
pobozkať

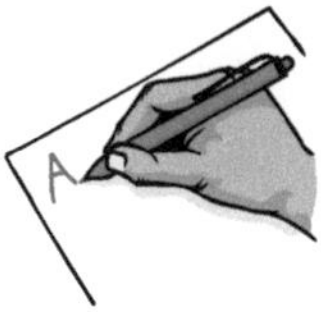
kirjutama
písať

joonistama
kresliť

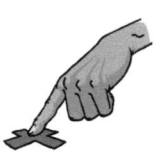

näitama
ukázať

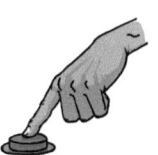

lükkama
tlačiť

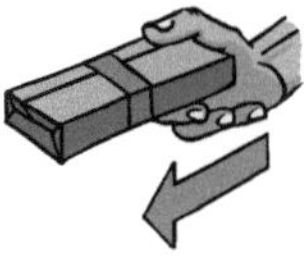
andma
dať

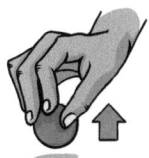

võtma
brať

omama

mať

tegema

robiť

olema

byť

seisma

sťáť

jooksma

bežať

tõmbama

ťahať

viskama

hádzať

kukkuma

padnúť

lamama

ležať

ootama

čakať

kandma

nosiť

istuma

sedieť

riidesse panema

obliecť sa

magama

spať

ärkama

zobudiť sa

vaatama
pozerať

nutma
plakať

paitama
hladkať

kammima
česať

rääkima
hovoriť

aru saama
rozumieť

küsima
pýtať sa

kuulama
počuť

jooma
piť

sööma
jesť

korrastama
upratať

armastama
milovať

süüa tegema
variť

sõitma
jazdiť

lendama
letieť

purjetama

plachtiť

arvutama

počítať

lugema

čítať

õppima

učiť sa

töötama

pracovať

abielluma

oženiť

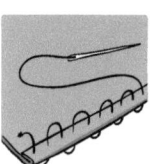

õmblema

šiť

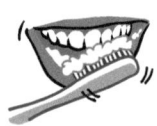

hambaid pesema

čistiť zuby

tapma

zabiť

suitsetama

fajčiť

saatma

poslať

perekond
rodina

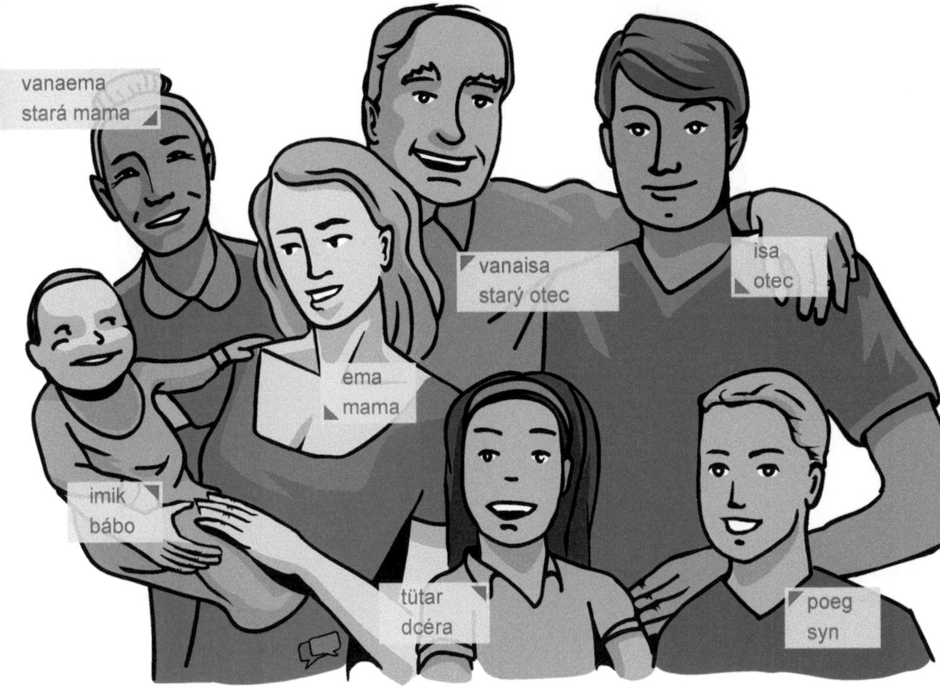
vanaema
stará mama
vanaisa
starý otec
isa
otec
ema
mama
imik
bábo
tütar
dcéra
poeg
syn

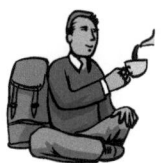

külaline

hosť

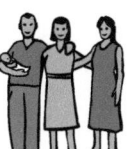

tädi

teta

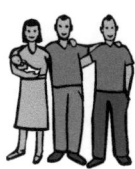

onu

strýko

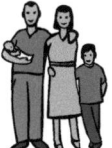

vend

brat

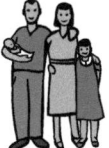

õde

sestra

keha

telo

otsmik
čelo
silm
oko
nägu
tvár
lõug
brada
rind
hruď
sõrm
prst
käsi
ruka
käsivars
rameno
õlg
plece
jalg
noha

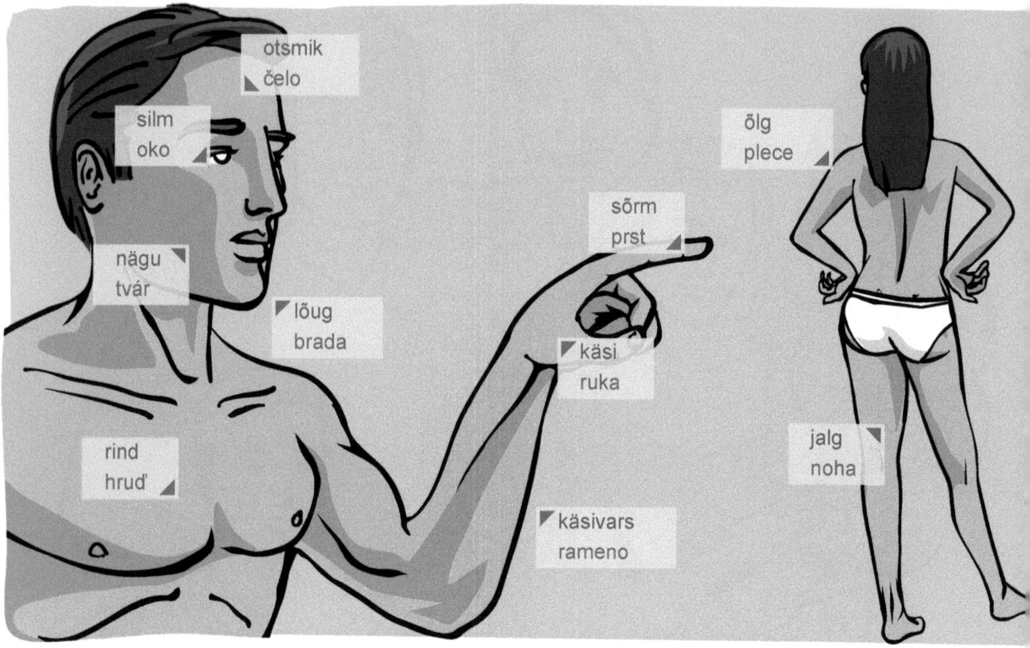

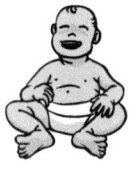

imik
bábo

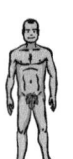

mees
muž

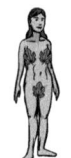

naine
žena

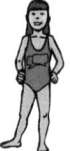

tüdruk
dievča

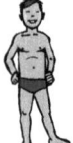

poiss
chlapec

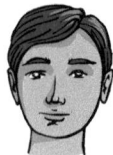

pea
hlava

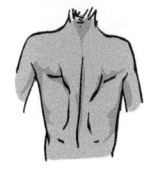

selg

chrbát

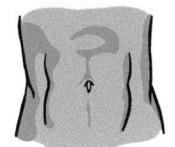

kõht

brucho

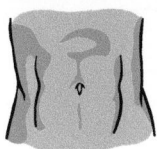

naba

pupok

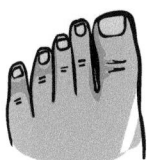

varvas

prst na nohe

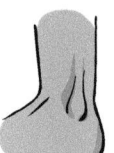

kand

päta

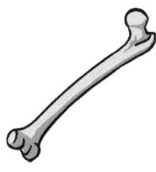

luu

kosť

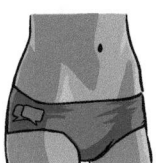

puus

bok

põlv

koleno

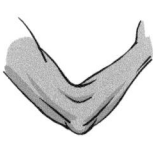

küünarnukk

lakeť

nina

nos

tagumik

zadok

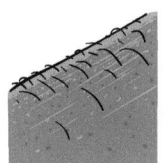

nahk

koža

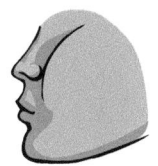

põsk

líce

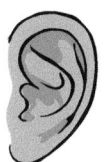

kõrv

ucho

huuled

pery

suu

ústa

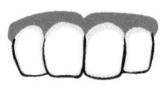

hammas

zub

keel

jazyk

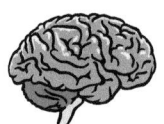

aju

mozog

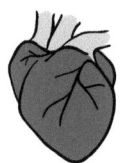

süda

srdce

lihas

svaly

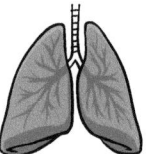

kops

pľúca

maks

pečeň

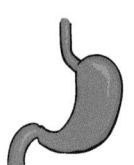

magu

žalúdok

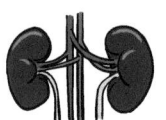

neerud

obličky

seksuaalvahekord

pohlavný styk

kondoom

kondóm

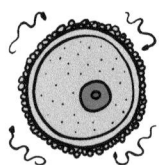

munarakk

vaječná bunka

sperma

semeno

rasedus

tehotenstvo

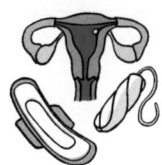

menstruatsioon
menštruácia

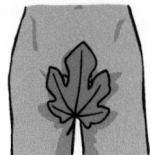

vagiina
vagína

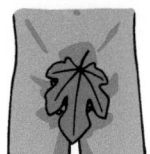

peenis
penis

kulm
obočie

juuksed
vlasy

kael
krk

haigla
nemocnica

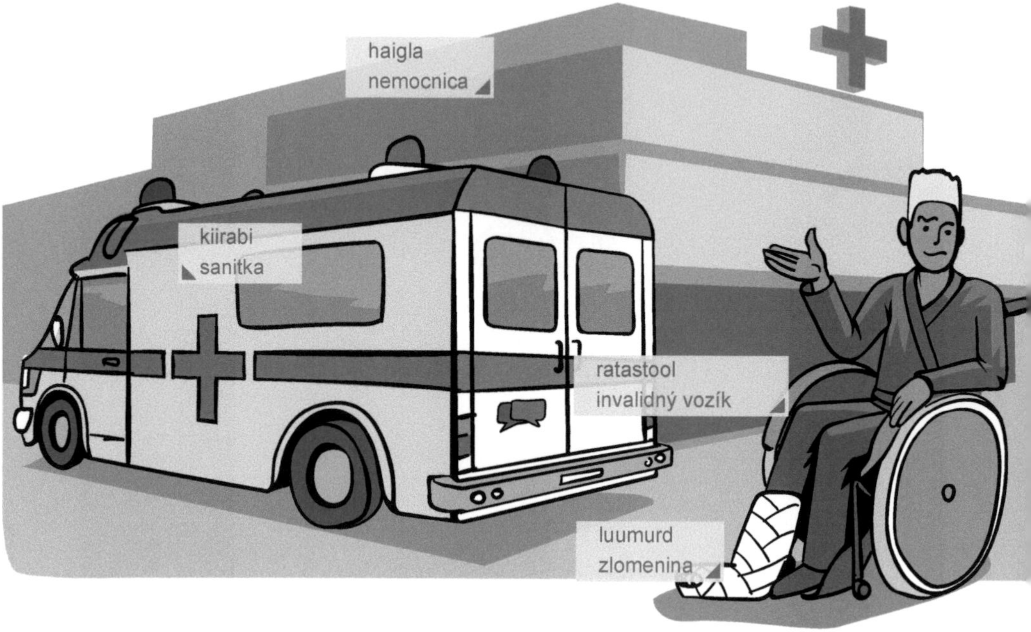

haigla
nemocnica
kiirabi
sanitka
ratastool
invalidný vozík
luumurd
zlomenina

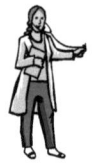

arst
lekár

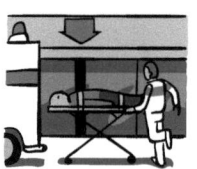

traumapunkt
urgentný príjem

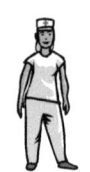

meditsiiniõde
sestrička

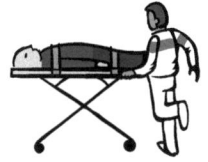

hädaolukord
urgentný prípad

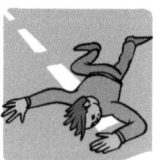

teadvuseta
v bezvedomí

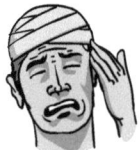

valu
bolesť

vigastus

zranenie

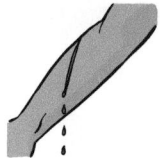

verejooks

krvácanie

südamerabandus

srdcový infarkt

insult

mozgová porážka

allergia

alergia

köha

kašeľ

palavik

teplota

gripp

chrípka

kõhulahtisus

hnačka

peavalu

bolesť hlavy

vähk

rakovina

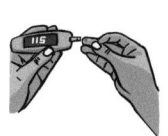

diabeet

cukrovka

kirurg

chirurg

skalpell

skalpel

operatsioon

operácia

KT
CT

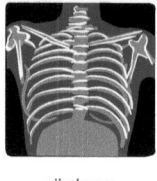

röntgen
RTG

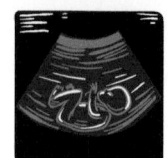

ultraheli
ultrazvuk

mask
maska

haigus
choroba

ooteruum
čakáreň

kark
barla

kips
náplasť

side
obväz

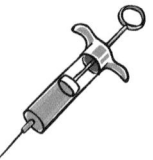

süst
injekcia

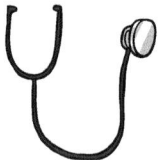

stetoskoop
fonendoskop

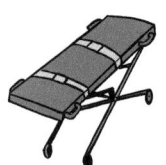

kanderaam
nosidlá

kraadiklaas
teplomer

sünd
pôrod

ülekaaluline
nadváha

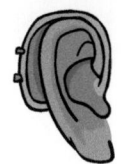

kuuldeaparaat

audiofón

desinfektsioonivahend

dezinfekčný prostriedok

põletik

infekcia

viirus

vírus

HIV / AIDS

HIV / AIDS

meditsiin

medicína

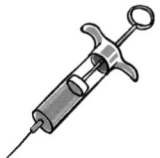

vaktsineerimine

očkovanie

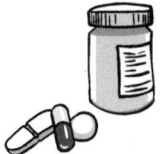

tabletid

tabletky

pill

antikoncepčná pilulka

hädaabikõne

tiesňové volanie

vererõhuaparaat

tlakomer

haige / terve

chorý / zdravý

Appi!

Pomoc!

häire

alarm

kallaletung

prepad

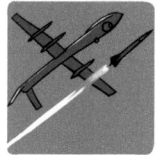

rünnak

útok

oht

nebezpečenstvo

avariiväljapääs

núdzový východ

Tulekahju!

Horí!

tulekustuti

hasičský prístroj

õnnetus

nehoda

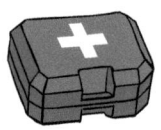

esmaabikomplekt

kufrík prvej pomoci

SOS

SOS

politsei

polícia

Euroopa

Európa

Põhja-Ameerika

Severná Amerika

Lõuna-Ameerika

Južná Amerika

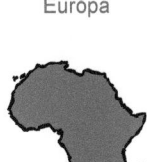

Aafrika

Afrika

Aasia

Ázia

Austraalia

Austrália

Atlandi ookean

Atlantický oceán

Vaikne ookean

Tichý oceán

India ookean

Indický oceán

Lõuna-Jäämeri

Južný oceán

Põhja-Jäämeri

Severný ľadový oceán

põhjapoolus

Severný pól

lõunapoolus

Južný pól

Antarktika

Antarktída

Maa

Zem

maismaa

krajina

meri

more

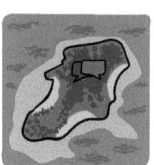

saar

ostrov

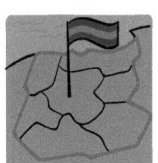

rahvus

národ

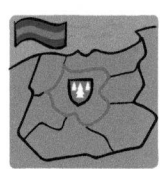

riik

štát

sihverplaat

ciferník

tunniosuti

hodinová ručička

minutiosuti

minútová ručička

sekundiosuti

sekundová ručička

Mis kell on?

Koľko je hodín?

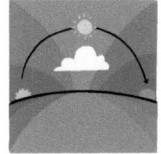

päev

deň

aeg

čas

praegu

teraz

digitaalne kell

digitálne hodiny

minut

minúta

tund

hodina

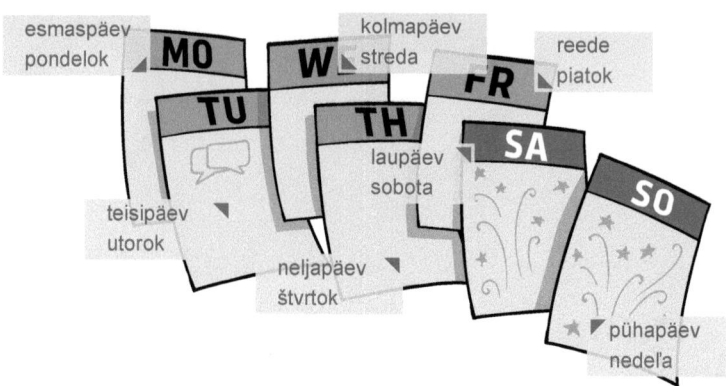

esmaspäev
pondelok

kolmapäev
streda

reede
piatok

teisipäev
utorok

laupäev
sobota

neljapäev
štvrtok

pühapäev
nedeľa

eile

včera

täna

dnes

homme

zajtra

hommik

ráno

lõuna

poludnie

õhtu

večer

MO	TU	WE	TH	FR	SA	SU
1	2	3	4	5	6	7
8	9	10	11	12	13	14
15	16	17	18	19	20	21
22	23	24	25	26	27	28
29	30	31	1	2	3	4

tööpäevad

pracovné dni

MO	TU	WE	TH	FR	SA	SU
1	2	3	4	5	6	7
8	9	10	11	12	13	14
15	16	17	18	19	20	21
22	23	24	25	26	27	28
29	30	31	1	2	3	4

nädalavahetus

víkend

aasta
rok

vihm
dážď
vikerkaar
dúha
tuul
vietor
lumi
sneh
kevad
jar
suvi
leto
sügis
jeseň
talv
zima

4.APRIL 11°
5.APRIL 4°
6.APRIL 13°
7.APRIL 8°
8.APRIL 10°

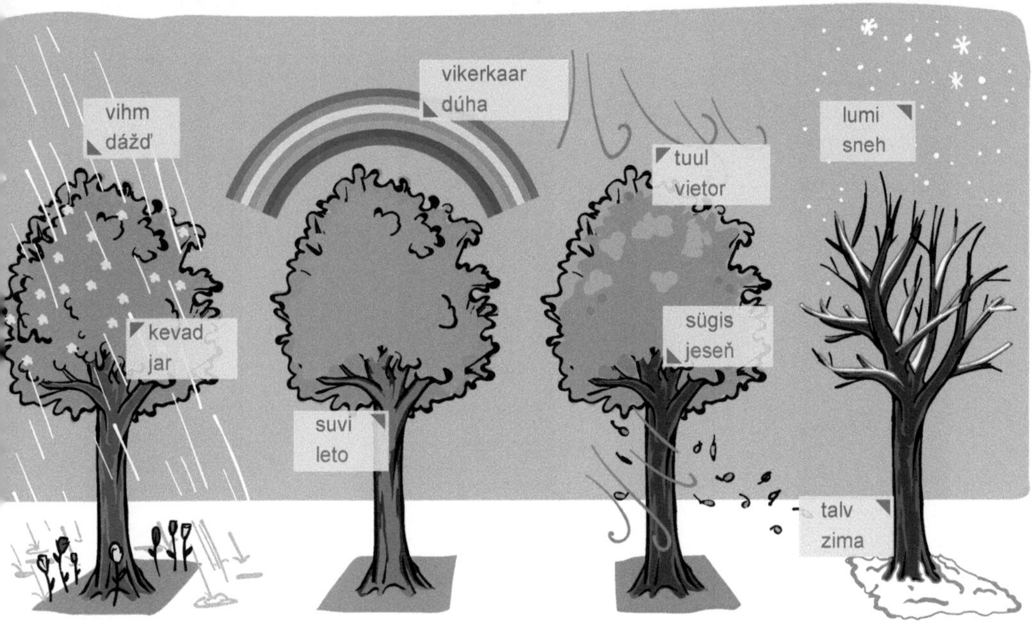

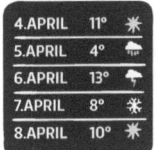

ilmaennustus
....
predpoveď počasia

F C
120 40
90 30
60 20
30 10
0 0
-30 -10
-20

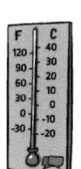

termomeeter
....
teplomer

päikesepaiste
....
slnečný svit

pilv
....
oblak

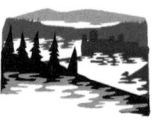

udu
....
hmla

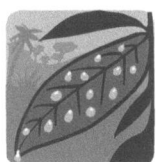

niiskus
....
vlhkosť vzduchu

pikne

blesk

kõu

hrom

torm

búrka

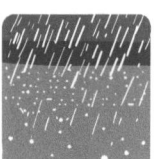

rahe

krúpy

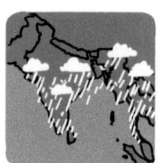

mussoon

monzún

üleujutus

záplava

jää

ľad

jaanuar

január

veebruar

február

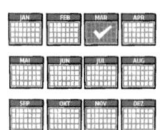

märts

marec

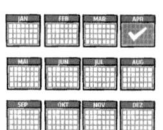

aprill

apríl

mai

máj

juuni

jún

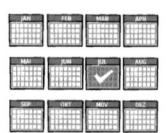

juuli

júl

august

august

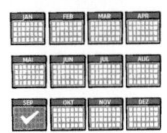

september
september

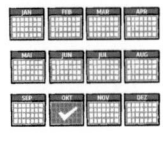

oktoober
október

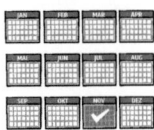

november
november

detsember
december

kujundid
tvary

ring
kruh

ruut
štvorec

nelinurk
obdĺžnik

kolmnurk
trojuholník

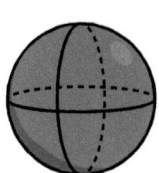

kera
guľa

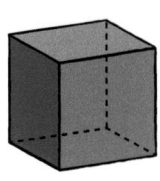

kuup
kocka

valge
biela

kollane
žltá

oranž
oranžová

roosa
ružová

punane
červená

lilla
fialová

sinine
modrá

roheline
zelená

pruun
hnedá

hall
šedá

must
čierna

palju / vähe
veľa / málo

vihane / rahulik
zúrivý / pokojný

ilus / inetu
pekný / škaredý

algus / lõpp
začiatok / koniec

suur / väike
veľký / malý

hele / tume
svetlý / tmavý

vend / õde
brat / sestra

puhas / must
čistý / špinavý

täielik / puudulik
úplný / neúplný

päev / öö
deň / noc

surnud / elus
mŕtvy / živý

lai / kitsas
široký / úzky

söödav / mittesöödav

chutný / nechutný

kuri / sõbralik

zlostný / láskavý

põnevil / tüdinud

vzrušený / unudený

paks / peenike

tlstý / chudý

esimene / viimane

prvý / posledný

sõber / vaenlane

priateľ / nepriateľ

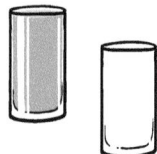

täis / tühi

plný / prázdny

kõva / pehme

tvrdý / mäkký

raske / kerge

ťažký / ľahký

nälg / janu

hlad / smäd

haige / terve

chorý / zdravý

ebaseaduslik / seaduslik

nelegálny / legálny

tark / rumal

inteligentný / hlúpy

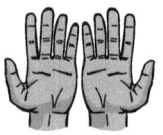

vasak / parem

vľavo / vpravo

lähedal / kaugel

blízko / ďaleko

uus / kasutatud

nový / použitý

mitte midagi / midagi

nič / niečo

vana / noor

starý / mladý

sees / väljas

zapnuté / vypnuté

lahti / kinni

otvorené / zatvorené

vaikne / vali

tichý / hlasný

rikas / vaene

bohatý / chudobný

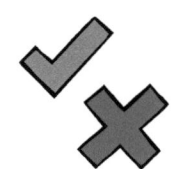

õige / vale

správne / nesprávne

kare / sile

drsný / hladký

kurb / rõõmus

smutný / šťastný

lühike / pikk

krátky / dlhý

aeglane / kiire

pomaly / rýchlo

märg / kuiv

mokrý / suchý

soe / jahe

teplý / studený

sõda / rahu

vojna / mier

0	**1**	**2**
null	üks	kaks
nula	jeden	dva

3	**4**	**5**
kolm	neli	viis
tri	štyri	päť

6	**7**	**8**
kuus	seitse	kaheksa
šesť	sedem	osem

9	**10**	**11**
üheksa	kümme	üksteist
deväť	desať	jedenásť

12

kaksteist

dvanásť

13

kolmteist

trinásť

14

neliteist

štrnásť

15

viisteist

pätnásť

16

kuusteist

šestnásť

17

seitseteist

sedemnásť

18

kaheksateist

osemnásť

19

üheksateist

devätnásť

20

kakskümmend

dvadsať

100

sada

sto

1.000

tuhat

tisíc

1.000.000

miljon

milión

inglise

angličtina

Ameerika inglise

americká angličtina

mandariini

mandarínska čínština

hindi

hindčina

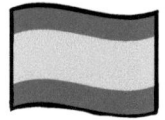

hispaania

španielčina

prantsuse

francúzština

araabia

arabčina

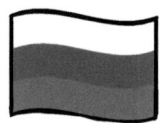

vene

ruština

portugali

portugalčina

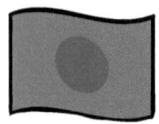

bengali

bengálčina

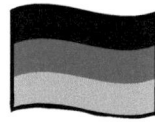

saksa

nemčina

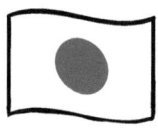

jaapani

japončina

mina
ja

sina
ty

tema
on/ona/ono

meie
my

teie
vy

nemad
oni

kes?
kto?

mis?
čo?

kuidas?
ako?

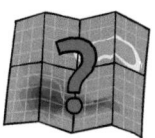

kus?
kde?

millal?
kedy?

HELLO, I AM

nimi
meno

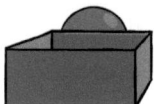

taga

za

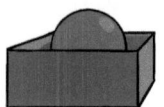

sees

v

ees

pred

kohal

nad

peal

na

all

pod

kõrval

vedľa

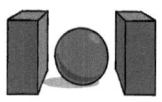

vahel

medzi

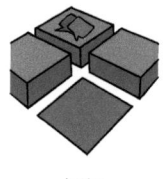

koht

miesto